AF279398

Dedicado a mi hijo José María (Chema).

Y a todos los pediatras que día a día se esfuerzan en prepararse para atender con entrega, alegría y vocación a los más inocentes: los niños.

—¡Uy, ay! ¡Qué mareo! ¿Por dónde voy? No puedo mantenerme en pie. ¡Vaya viajecito tan estrepitoso y vertiginoso! Pero al menos creo que ha merecido la pena porque no veo a nadie más. Debo haber ganado la carrera, pues no hay nadie más en la meta. ¡Bravo!

—Esperaré a que lleguen los demás. ¡Qué raro, no veo a nadie! Pero... ¡Qué cosquilleo me está entrando! ¡Ay Dios mío! ¿Qué me está pasando? ¿Me estoy evaporando? ¿Dónde está mi cola? ¡No la veo! Estoy empezando a sospechar que ha sido todo una trampa. ¡Auxilio, ayuda!

—¡Ay, ay! Qué cosquillitas, ja, ja, ja. Bonita forma de despertarse. Pero ¿quién me está haciendo estas cosquillas solamente a mí? Mis hermanos están aún dormidos. Averiguaré de quién se trata.

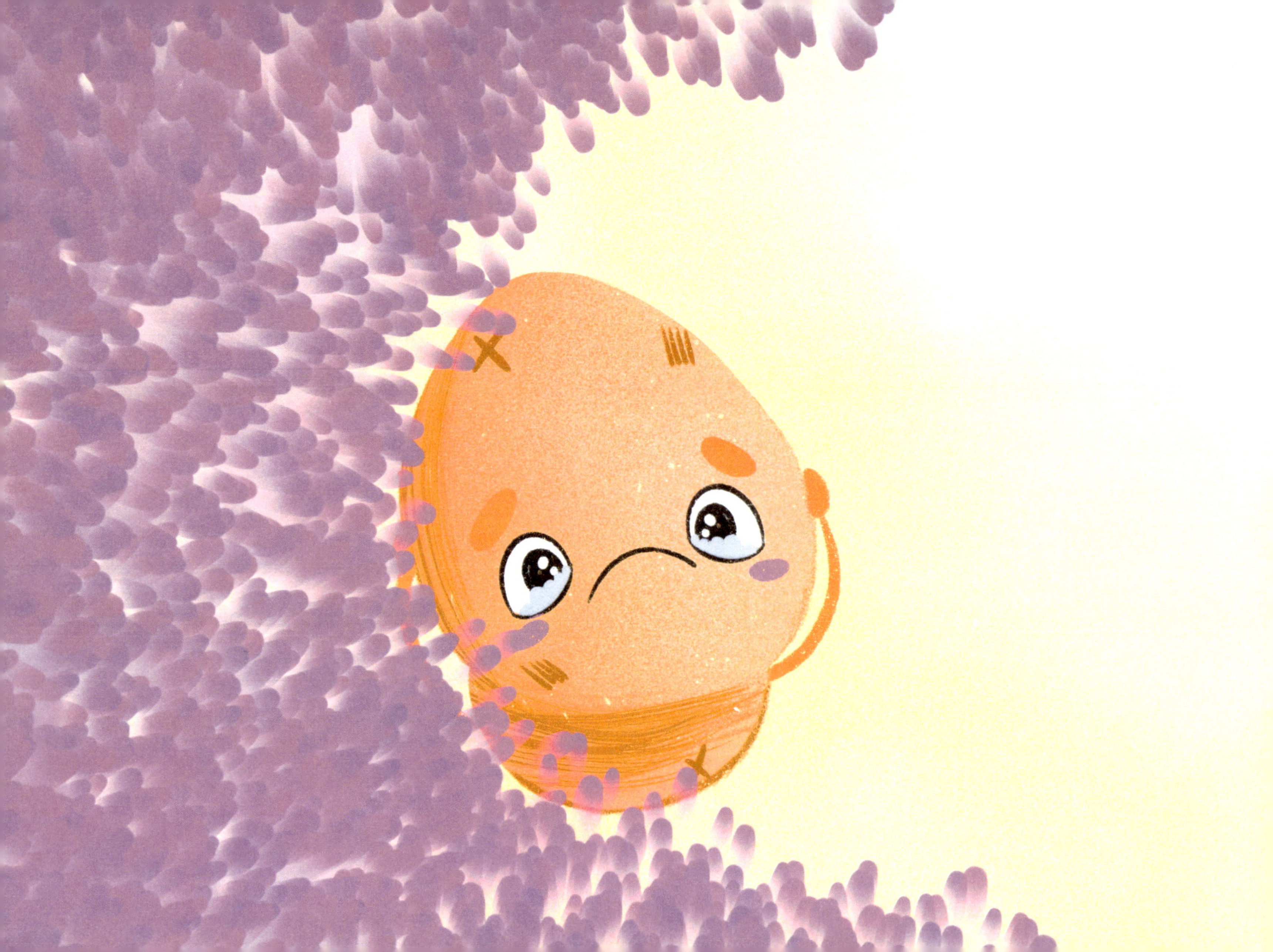

—Hola, ¿hay alguien ahí? Esto está un poco oscuro. Después de esta carrera lo que más me apetece es descansar y ahora tengo que averiguar qué me está pasando. Me han robado mi colita y tengo unas agujetas horribles de tanto correr y luchar por llegar a la meta. ¡Vaya carrerita que nos hicimos! Pero nadie fue tan rápido como yo, ¡ja, ja! ¡Uy! Parece que oigo a alguien aquí cerquita. Siento un calorcito impropio. ¿Hay alguien ahí?

—¿Sí? ¿Hola? ¿Quién eres? No sé si te habrás dado cuenta, pero me acabas de despertar de forma brusca. Así no hay quien duerma. ¿De dónde has salido tú? —preguntó Ovu, que era un óvulo—. Yo estaba tranquilamente paseando y rodando por mi camino habitual con algunos hermanos míos y de repente llegas tú y me despiertas, me haces cosquillas y te pegas a mí como una lapa. ¡Me estás dando un calor de miedo!

—¿Calor? Eso es lo que siento yo también. ¡Devuélveme mi cola, que me la has robado! —dijo el Espermatozoide llamado Espi.

—¿Qué dices de tu cola? Eres tú quien me ha empujado a mí adentrándote en mi casa sin pedirme permiso. Además, noto que mi cuerpo se está alborotando con tu presencia. ¡Tengo mucho miedo! —exclamó el Ovu.

—No te preocupes, al mío le está pasando algo parecido. ¿Sabes? Creo que estamos solos en este viaje, así que dame la mano y hagámoslo juntos.

—¿A dónde vamos? —preguntó el óvulo.

—No sé, pero creo que juntos formaremos un buen equipo, así que mejor no nos separamos. ¿Sabes una cosa? Me siento a gusto a tu lado. Intuyo que vamos a hacer un viaje alucinante—respondió el espermatozoide.

—Ji, ji, yo también. Dame la mano y no te separes de mí. Comencemos el viaje. ¡Estoy ilusionado!

Y así fue como los dos amigos, Espi y Ovu, aunque sabían que eran muy diferentes entre sí, se unieron tanto, tanto que empezaron a ser solo uno.

Pasaron los días y las semanas y esa unión fue tomando forma. Ellos no lo sabían aún, pero se habían convertido en un nuevo ser: un bebé. Ya no tenían miedo de nada porque un tic-tac constante les acompañaba desde los primeros días. Sentían que ese tic-tac era el ritmo de su vida. Y cada día que pasaba ocurrían cosas extrañas en su ser que cambiaban su forma. Los dos formaban un solo ser que empezaba a sentirse único y especial.

Ese nuevo ser un día empezó a mirarse a sí mismo. Y de pronto descubrió que tenía cuatro bultitos que sobresalían de su cuerpo y de cada una de ellos crecían otros cinco bultitos que día a día se iban alargando más y más. No sabía qué era aquello, pero no le preocupaba porque seguía oyendo el tic-tac consolador.

Un día vio por primera vez uno de esos bultitos que se habían alargado y se lo llevó a su boca.

—¡Hum! ¡Está rico! —Y chupando y chupando ese bultito, que no era otra cosa que su dedito pulgar, sintió mucha calma y se quedó dormido.

Otro día, descubrió que junto a su cuerpo tenía una especie de cuerda larga con la que a veces jugaba y por la que de vez en cuando venía un manjar exquisito que lo hacía bailar de alegría. Cada momento que pasaba era todo un descubrimiento para él.

Pero, de repente, un día, cuando bien dormido estaba, notó que lo empujaban y lo movían de un lado a otro.

¿Pero qué está pasando? No lo dejan a uno dormir tranquilo. Iré a echar un vistazo por aquella ventanita de la que sale mi cuerdecita.

Entonces, por primera vez, abrió su boca con mucho asombro. No podía creer lo que veía a través de esa pequeña ventanita.

—Ahora entiendo —se dijo para sí—. Veo una mano grande que me empuja de un lado a otro. La mano es de un señor que es un poco

rarillo, la verdad. Tiene un bultito en la cara y lleva una cosa negra pegada a ella que hacía que sus ojos se vieran cuadrados. ¡Qué ser más extraño! Uy, ahora me empuja para el otro lado y me aprisiona. ¡Eh, tú! ¡Déjame en paz que no puedo moverme aquí dentro!
¡Qué desfachatez!

El bebé no sabía que a través del ombligo de su mamá estaba viendo al doctor, que estaba examinando su crecimiento y su estado a través de una ecografía en el vientre de su mamá. Era el ginecólogo de mamá y estaba asegurándose de que todo él estaba bien.

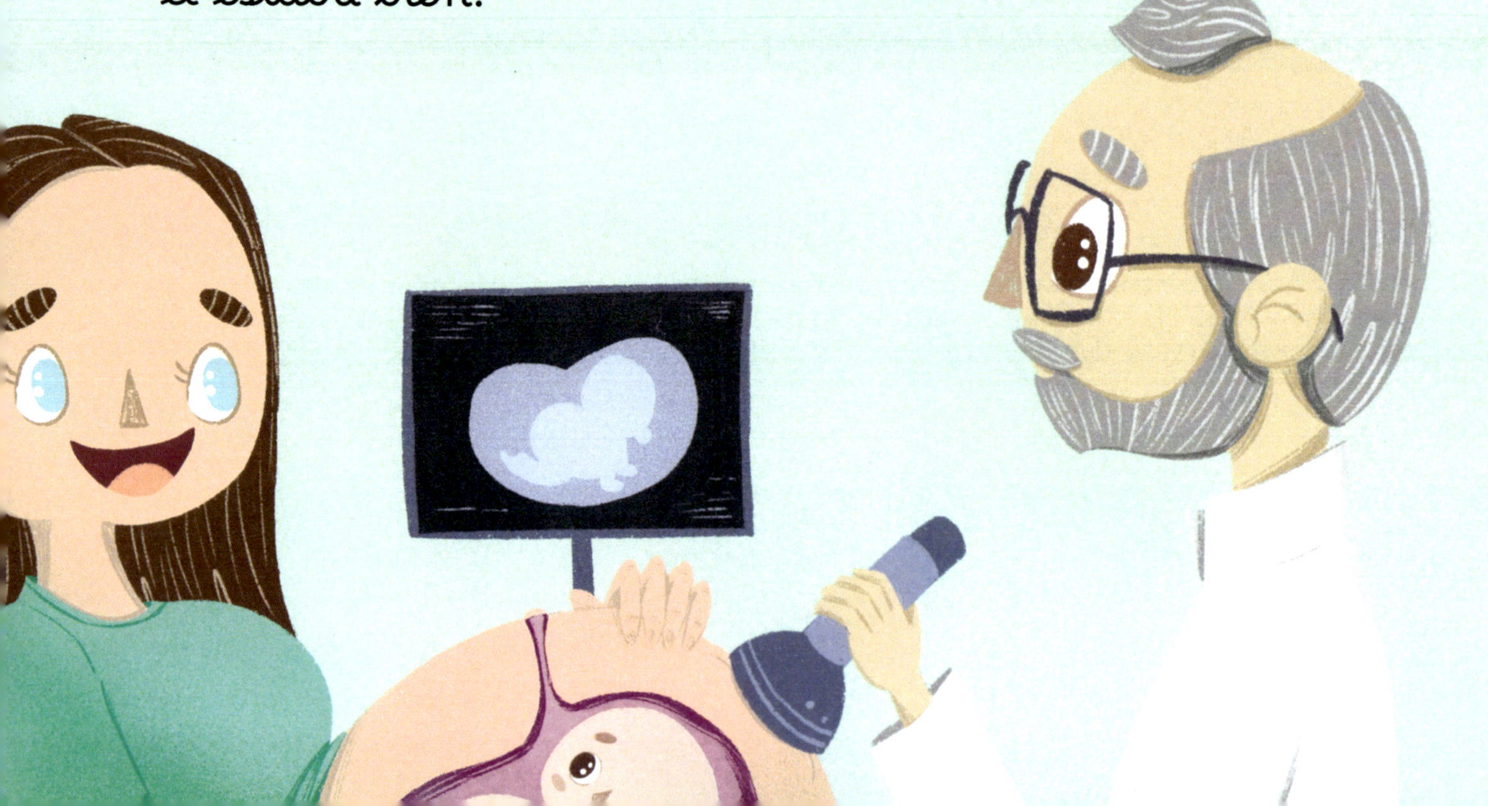

Estaba husmeando todo lo que ese señor estaba haciéndole a su cuerpecito con aquella mano enorme sobre él cuando, de pronto, quedó paralizado por lo que vio.

—¡Oooooohhhh! ¡Qué maravilla! ¡Qué ojos tan bonitos! ¡Ojalá los míos sean tan bonitos como esos! ¿De qué color son? ¿Azules? ¿Marrones? ¿Verdes?

Eran unos ojos grandes que brillaban sin igual. Él pudo verlos a través de su ventanita. Y junto a ellos había también una bola grande y un poco alargada, pero no tenía nada pegado a ella. Sin duda ese ser era más parecido a él, pero lo que más le asombró de todo ese rostro no fueron los ojos ni la bola con agujeritos, sino la boca; porque ese ser tenía una de las más bonitas sonrisas que jamás pudo imaginar. Era tan linda que deseó verla todos los días de su vida. Y se preguntaba:

—¿Por qué esa boca sonríe con tanta felicidad? —Había, sin duda, alguna razón para ello. Tendría que averiguarlo.

Nunca podría imaginar, mientras estaba en el interior de su madre, que el motivo de esa amplia y bella sonrisa no era otra cosa que él mismo y su existencia.

Desde ese día, el bebé soñaba con ver esa mirada y esa sonrisa de nuevo y de vez en cuando se acercaba a la ventanita para poder verla. Había días que no lo conseguía porque no era capaz de moverse, o cuando al fin lo lograba, los ojos estaban cerrados y

la sonrisa apagada, como si durmiese, pero otros días, sobre todos aquellos en los que de nuevo el señor de los ojos cuadrados lo empujaba, volvía a ver esa mirada y esa sonrisa amplia y feliz de blancos dientes. "¿Quién sería?", se preguntaba. No sabía nada de ella, excepto que se sentía muy a gusto y feliz cuando la veía. A veces hasta diría que podía oler su aroma.

A veces también escuchaba voces que provenían de otro ser. Era una voz grave pero dulce y agradable. Un día se asomó a su ventanita y pudo comprobar que había otro señor que ponía la mano sobre él, pero de forma suave y cariñosa. Ese señor también tenía una bolita con agujeritos y una bonita y amplia sonrisa. Y a veces lo oía cantar cuando estaba cerca. Tampoco sabía quién era él, pero, sin duda, también le gustaba tenerlo cerca.

HOSPITAL

Pasaban los días y semanas y cada vez escuchaba con más frecuencia a esos dos seres que veía por la ventanita. Pero, a medida que pasaban los días, le costaba más trabajo llegar a asomarse a su ventanita. Su cuerpo estaba más gordito y, aunque intentaba moverse estirando las piernas y las manos, no lo conseguía con la misma facilidad que unos días antes.

De pronto, un día, cuando más tranquilo estaba, notó que su cuerpo se movía y parecía empujarle hacia algún lugar. Pensó por un momento que el señor de los ojos raros de nuevo lo estaba empujando.

—No puedo moverme y necesito estirar mis piernas y brazos.

El tic-tac que siempre lo había acompañado parecía ir más rápido de lo normal y decidió que iba a echar un ojo por la ventanita e intentar averiguar qué estaba pasando.

"¡Uy! o yo soy más pequeño o la ventanita es más grande —pensó mientras veía que su ventanita era más grande de lo habitual—. Lo extraño es que algo me empuja para que me acerque a la ventana".

—Uy... Me da un poco de miedo porque no veo los ojos ni la sonrisa feliz desde aquí. Pero no puedo volver hacia atrás. Hay una luz muy fuerte al fondo de la ventana. Me molesta mucho. Parece que me llaman desde el otro lado. Cerraré los ojos e intentaré salir. ¡Allá voy!

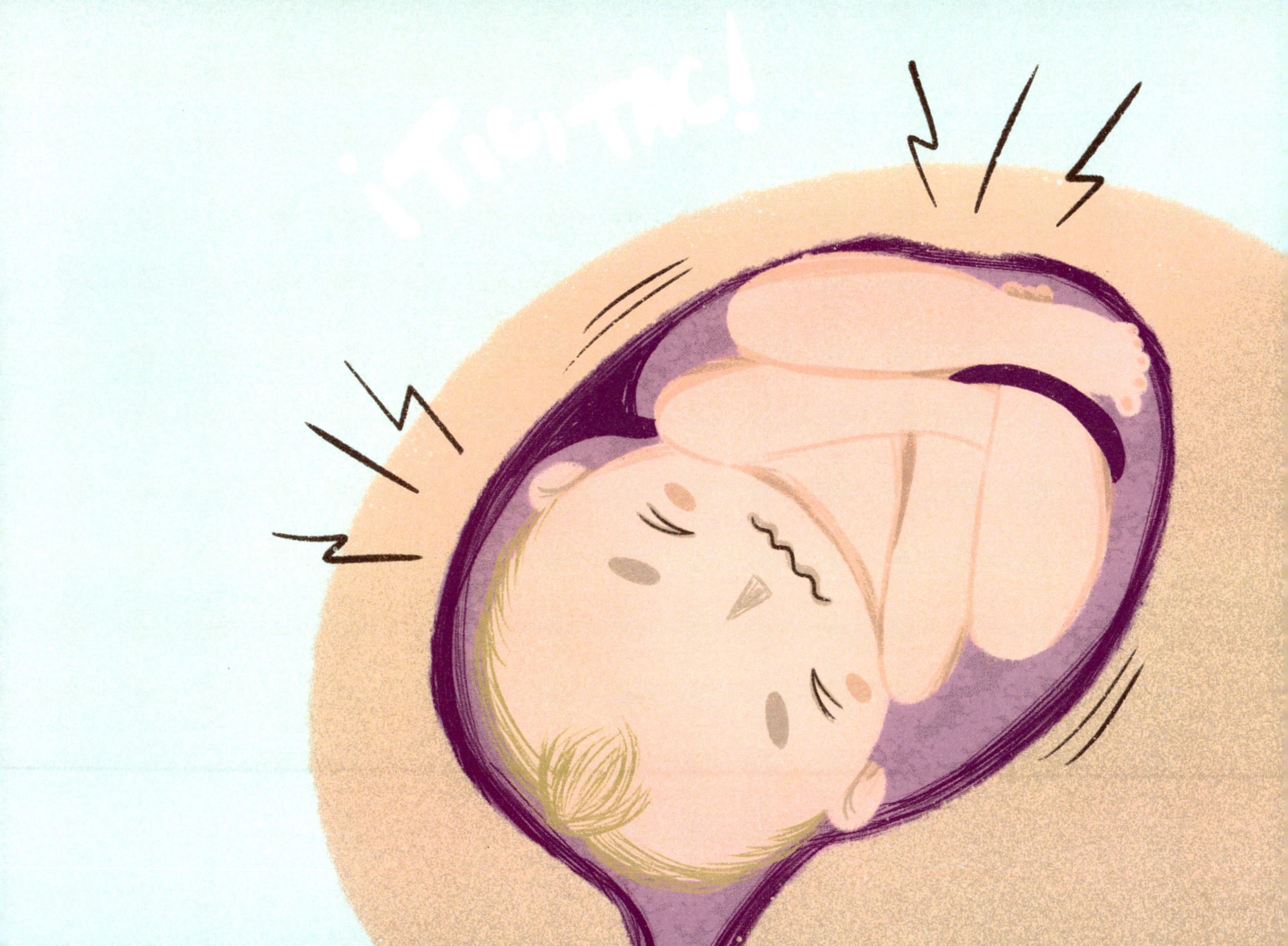
¡TIG-TAC!

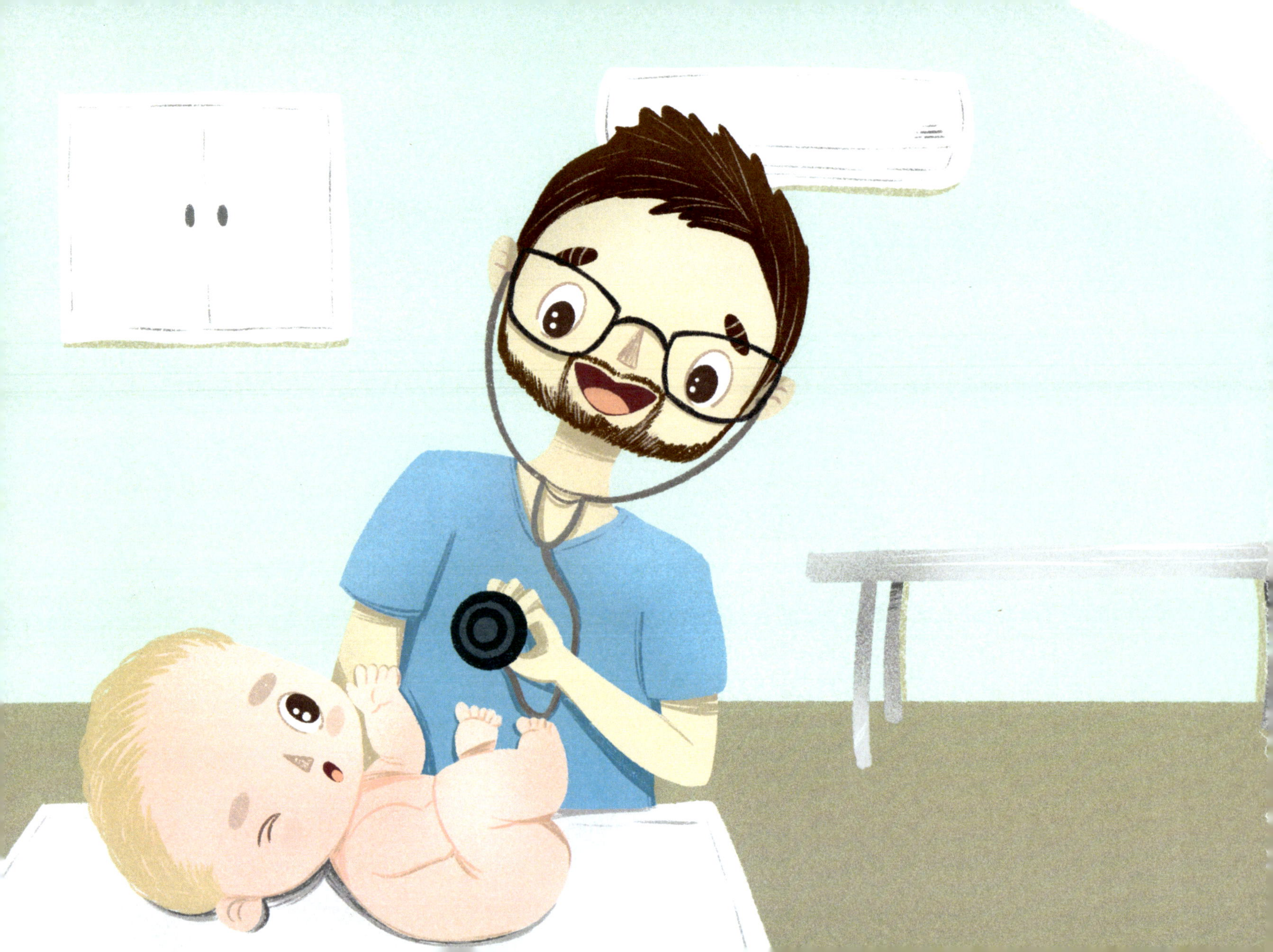

Y, de repente..., la gran ventanita se abrió de par en par y salió a la luz de la vida. Y oyó risas y llantos de júbilo. Y decidió coger aire y expulsarlo. De su boca salió un fuerte llanto; tan fuerte que hasta él mismo se asustó al oírse. Entonces decidió callarse, pero, de repente, alguien le dio una palmadita en el culo y se asustó tanto que volvió a llorar de nuevo. Esta vez aún más fuerte porque no entendía qué estaba pasando. Tenía miedo y no escuchaba el tic-tac consolador. Y, armándose de valentía, decidió abrir los ojos de una vez.

—Pero... ¿qué me pasa? ¿Dónde estoy? ¿Quiénes son todos estos seres? Tengo frío...

BUAAAAAAAA, BUAAAAAAAA.

Alguien lo cogió y empezó a entrarle una larga goma por su nariz.

—¿Qué es esto que me están entrando por mi nariz y mi boca?

BUAAAAAA.

Y este señor ¿quién es? Nunca antes lo había visto, pero no me deja en paz. Está estirando mi cuerpo y ahora me ha puesto sobre un aparato y me deja aquí solo. BUAAAAAA. Ya no escucho el tic-tac. ¿O sí? ¿Tengo un tic-tac dentro de mí? ¿Y por qué me da palmadas en mi culo? BUUAAAAA, BUAAAA. ¡Uy! Ahora me está mirando fijamente. Pues voy a mirarlo yo también. Anda, si también tiene una bonita sonrisa. Parece que quiere decirme algo.

BUAAAA
BUAAAA
BUAAAA
BUAAAA
BUAA
3900 Kg

—Hola, pequeñín, soy tu pediatra. Mi nombre es Chema y estoy aquí para darte la bienvenida al mundo. Intuyo que vas a ser muy grande. Mides 52 centímetros y pesas tres kilos y novecientos gramos. Eres muy grandote. Tienes una carita redonda y muy bonita. Tu tez es blanca y tu pelo rubio y tienes unos ojos grandes como los de tu mamá.

Y como sé que la estás echando ya de menos, ahora te voy a poner junto a ella para que aprendas a comunicarte con ella y puedas mamar de sus senos durante algún tiempo. Y también tomarás biberones, papillas de cereales, frutas y verduras. ¡Ya verás qué rico está todo!

Y de repente ocurrió el momento más maravilloso de su vida y de la de su mamá; el momento que los dos habían estado esperando y que jamás olvidarían. El momento del encuentro entre madre e hijo. El momento de su nacimiento.

Cesó su llanto y comenzó el de su mamá que estaba junto a su papá. Los dos lloraban al ver a su pequeño y él era el ser más feliz del mundo por haberlos encontrado sin haberlos buscado. Solo sabía que, al mirar a su mamá, su llanto se volvía en sonrisas y paz.

—OHHHH. ¡Estás aquí! El ser de los ojos grandes y la sonrisa bonita. Reconozco mi tic-tac dentro de ti. Te estaba echando ya de menos. No quiero volver a separarme de ti.

—Hola, cariño, soy mamá. Tu mamá.
Este es tu papá y tú eres nuestro bebé.
Te llamas Mario y eres lo mejor, lo más
bonito y maravilloso que nos ha pasa-
do en nuestras vidas.

—HUMMM ¡Qué bien hueles, mamá!
Nunca jamás me separaré de vosotros,
mis papás. Gracias por decir sí a en-
tregarme el mejor regalo: El regalo de
LA VIDA. ¡OS QUIERO!

Dedicado a mi sobrina Marta, por su reciente maternidad.